당 신 의 존 재 는 이 미 아 름 답 다

시_ **최 영** | 포엠캘리그라피_ **이영애**   대경북스

1판 1쇄 인쇄 2025년 11월 05일
1판 1쇄 발행 2025년 11월 11일

지은이 최 영, 이영애
발행인 김영대
펴낸 곳 대경북스
등록번호 제 1-1003호
주소 서울시 강동구 천중로42길 45(길동 379-15) 2F
전화 (02) 485-1988, 485-2586~87
팩스 (02) 485-1488
쇼핑몰 https://smartstore.naver.com/dkbooksmall
e-mail dkbookss@naver.com

ISBN 979-11-7168-119-8 03810

※ 이 책은 저작권법에 따라 보호받는 저작물이므로 무단전재와 무단복제를 금지하며, 이 책 내용의 전부 또는 일부를 이용하려면 반드시 저작권자와 대경북스의 서면 동의를 받아야 합니다.

프롤로그

존재의 이유를 외치는 시인의 노트

어떤

존재든,

사물이든,

사람이든,

상황이든,

이 우주에 나타나는 모든 것에는 반드시 이유가 있다고 믿습니다.

우리는 때로 그 이유를 알지 못합니다.
손으로 만질 수 없고, 눈으로 볼 수도 없으며, 말로도 온전히 설명되지 않습니다. 그러나 분명히 그 안에는 고유

한 목적이 담겨 있습니다. 그 목적은 우리가 '느낄 수 있는 마음'으로 다가설 때 비로소 드러납니다.

저는 시를 씁니다.
말로 다 표현되지 못한 감정들,
눈에 보이지 않아도 살아 숨 쉬는 장면들,
그리고 존재가 존재를 위로하는 순간을 기록합니다.

이 시집은 그 기록 위에 놓여 있습니다.
보이지 않아도 느낄 수 있는 당신에게,
당신이 이미 충분히 가치 있는 존재임을 전하고 싶어 세상에 태어났습니다.

들어가는 글

시인의 노트가 태어난 이유

저는 처음부터 시를 쓰려 했던 사람이 아니었습니다.

삶에 대한 치열한 사유와 철학적 질문은 늘 곁에 있었지만, 그것만으로는 제 마음 깊은 곳의 빈 자리를 채울 수 없었습니다. 시의 시작은 지극히 개인적이고 절실한 자리에서 비롯되었습니다.

셋째 누나가 투병 중일 때였습니다. 병원에서는 이미 정해진 삶의 시간을 통지하였고, 동생으로서 감당하기 힘든 아픔이 제 앞에 놓여 있었습니다.

어떤 말로도 닿을 수 없는 그 고통 앞에서, 저는 글을 쓰기 시작했습니다. 위로의 말이자 용기를 건네는 간절하고 절실한 기도를 시로 썼습니다.

그리고 놀랍게도 그 시를 건넸을 때, 누나의 얼굴에 오랜만에 미소가 번졌습니다. 그 순간 알았습니다. 시에는 설명할 수 없는 슬픔과 고통을 이길 수 있는 힘이 있다는 것을, 그리고 진실한 마음으로 드린 기도는 누나의 아픈 마음의 가장 깊은 곳, 홀로 존재를 알리던 그 자리까지도 어루만질 수 있다는 것을….

그 후 저는 계속해서 시를 썼습니다.
누나를 위한 시였지만 동시에 제 자신을 위한 기록이기도 했습니다. 그 시들을 하나 둘 인스타그램에 올리기 시작했고, 뜻밖에도 많은 사람들이 그 시를 읽고 위로를 받았다고, 힘이 되었다고 말해주었습니다. 낯선 이들의 마음이 제 글과 연결되는 순간, 저는 시가 단지 개인의 기록이 아니라 세상을 향한 작은 등불이 될 수 있다는 사실을 배웠습니다.

그렇게 시간이 흘러 여러 차례 "책으로 묶어 달라."는 권유를 받았습니다. 처음에는 망설였지만, 결국 용기를 내어 출판사에 투고했고, 출판사 대표님은 제 시에 담긴 진심과 이야기에 감동을 받았습니다. 그리고 마침내 이 시집은 세상에 태어났습니다.

이 책은 철학적인 개념이나 추상적인 언어를 말하기 전에 누군가의 고통을 바라보고 이해하고, 공감하고, 응원하며, 기도하고, 마침내 치유에 이르기까지의 과정을 담은 기록입니다.

보이지 않아도 느낄 수 있는 당신에게, 당신이 이미 충분히 가치 있는 아름다운 존재임을 전하기 위해 태어난 제 이야기입니다.

차례

프롤로그 | 존재의 이유를 외치는 시인의 노트 _3
들어가는 글 | 시인의 노트가 태어난 이유 _5

1부 기억과 손끝에서 피는 사랑 _14

손 _16
멈춰 선 우산 _19
남겨진 피아노 _22
기억의 끈을 묶다 _25
아무도 없다 _28
오래된 지갑 속 입술 _30

그런 바닥 _34
꿈의 관계 _36
무지 _38
봄비 _40
빈 의자 앞에서 _43

2부 존재와 자아, 깎여나간 자리에서 _46

덜어냄 _48
콜라병 존재론 _51
흐름 속에 머문 하루 _54
길들이는 삶 _57
흘러가는 것들 속에서 _60
Someday, Somewhere _63
어제를 걷는다 _66
멀어져야 보이는 것들 _68

3부 사랑, 이름 없이 흐르는 것들 _70

그런 소중한 사람 _72

님 _75

어루만짐 _78

향기 _80

외로움 _82

친구 _84

석양이 붉은 이유 _86

우리에게 남은 시간 _90

식은 사랑 후에야 _92

미안함으로 남은 사랑 _95

그 따스한 눈빛 그리고 그 손 잡음 _98

너를 만나고 _101

한 장만 찍자 _104

부탁 _106

여전히 아침은 온다 _108

입 안의 온도 _111

귓가에 남은 것들 _114

빛은 거기까지였다 _116

4부 상실 이후에도 남아 있는 것들 _118

닫힌 문 _120

나는 문 앞에 서 있다 _123

그루터기의 속삭임 _126

맨발로 돌아온 날 _129

아버지의 손 _132

흐름 _135

젖은 미소 _138

선택 받은 기적 _140

열흘의 약속 _144

이제 기억이 되어 _147

선물 _150

미로 _152

5부 기도, 유언, 숨 _154

소금의 유언 _156
빛의 유언 _159
숨의 유언 _162
그분의 열두 숨결 _165
누군가를 위한 손 모음 _168
내가 빛나는 이유 _171
버티는 겨울을 밀어내다 _174
그렇게 살아가면 된다 _176
그것이 기도이다 _178
순종 _181

6부 존재의 선언과 너에게 건네는 한 줄 _184

나는 충분히 가치 있는 사람이다 _186
나들 1 _190

나들 2 _194

돌담 사이 나의 이야기 _199

교향의 바다 _203

끝없는 도전 _206

느낌으로 오는 아침 _210

대지 _212

나는 그냥 그런 사람입니다 _214

숨은 부름 _216

존재의 끝에서 건네는 한 줄 _219

나가는 글 | 시가 한 송이 꽃이 되기까지 _ 아버지께 _222

1부
기억과 손끝에서 피는 사랑

손

빛 바랜 사진 한 장 속
내 손을 감싸 쥔 당신의 손을 바라봅니다

그 손이 하루를 견딘 울음이었다는 걸
그땐 정말 몰랐습니다

나는 항상
돈에 굶주리고 배고픔에 허덕이며
무능력하고 화만 내는
엄마라고만 생각했습니다

하지만 아무 말 없이
당신의 손은 언제나 내 손을 꼭 쥐고
놓지 않았습니다

이제야 엄마의 눈물을
내 두 **뺨**으로 맞이합니다

하늘을 두고 그리운 이를 두고

웃음이 난다는 건 그땐 정말 좋았습니다

그때의 당신이
지금의 나보다 더 여리고
더 어린 여자였다는 걸
이제야 알게 되었습니다

지긋이 사진 속 내 손을 바라봅니다
여전히 엄마의 손은
내 손을 꼬옥 감싸 안고 있습니다

어찌도 그리 닮았는지…
손톱 하나, 주름 하나까지
모두가 그립습니다

이제 다시는 만질 수 없는
엄마의 손

당신은 이제 여기 없지만
사진 속 당신의 손은
여전히 따스합니다

멈춰 선 우산

비 그친 지 너무나 오래됐건만
너는 왜? 아직도 그 자리에 서 있는가

천은 사방으로 헤지고 갈라져
바람에 나부끼고
남은 한쪽 다리는 굽어져
제대로 서지도 못한다
그럼에도 구석을 지키며
오늘의 나를 기다리고 있다

몇 번이나 누군가의 젖은 어깨를 막아냈을까?
남편의 젖은 와이셔츠가 투명하게 비친다
어린아이의 눈 속에 사랑이 빛난다
어머니의 블라우스엔 빗방울이 내려앉는다

삐딱하게 서 있는 너를 바라보고 있노라면
빗방울에게 양보한 남편의 왼쪽 어깨가 그립다
찢어진 너의 천을 바라보고 있노라면

나를 감싸 안아주던 엄마의 품이 그립다

남루하게 남겨진 너의 모습은
어쩌면 너가 아니라
바로 나 자신이었는지도 모르겠다

왜?
떠나 보내고 나서야만
사랑이었다는 걸 깨닫게 되는 것인가?

우산 속 뜨거운 비가
무겁게 내려 앉는다

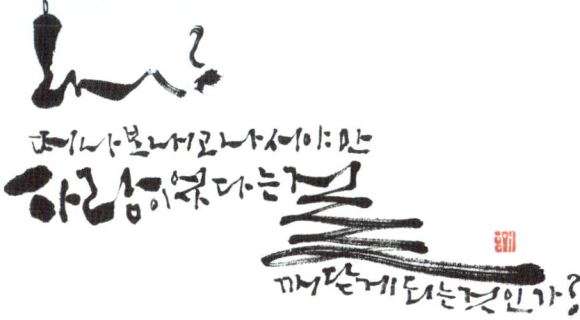

남겨진 피아노

방 한 구석, 오래된 피아노가 있다
오랫동안 열리지 않은 뚜껑
먼지가 내려앉은 건반
반쯤 벌어진 페달 위로
조용한 햇살만 매일 어루만진다

사람들은 더 이상 그를 연주하지 않는다
스쳐 지나가는 아이들만
건반을 몇 번 두드릴 뿐
그 소리는 완성되지 못한 이야기처럼
허공에 흩어진다

"피아노,
너 안에 감춰진 의미는 아직 살아 있는가?"
피아노는 대답을 피한다
하지만 나는 안다
그 침묵 속에
수많은 멜로디가 여전히
살아 숨 쉬고 있다는 것을…

그랬으면 좋겠어서
나라는 이 사람이라서

그건 단순한 소리가 아니었다
누군가의 첫사랑이었고
그리운 어머니의 손끝의 기억이었다
그렇게 슬픔을 위로했고
기쁨과 함께 떨려왔다

지금은 아무도 찾지 않아
홀로 남겨져 있지만
나는 그를 버림받았다고 부르지 않겠다
그는 다만
다음 감정을 기다리고 있을 뿐이다

손끝이 다시 닿는 순간
그는 울고, 노래하며
다시 살아날 것이다

그렇게 또 한번
사랑을 노래할 것이다

기억의 끈을 묶다

기억 속 낡은 운동화가 오랜만에 눈앞에 들어왔다
고무창은 갈라지고, 끈은 닳아 너덜거렸다
나는 그것을 차마 버리지 못하고
그저 멍하니 바라본다

이미 내 발엔 새 구두가 신겨져 있었다
바닥에서 나를 올려다보는 이 운동화는
여전히 나를 기억하고 있었다

비 오는 날 울며 걷던 그 골목을…
어떤 날은 함께 뛰었고
어떤 날은 멈춰 섰으며
어떤 날은 돌아섰고
또 어떤 날은 나와 함께 땅에 주저앉았다

영원할 것만 같았던 내 고통은
이 끈에 단단히 묶여 있었고
넘치고 또 넘쳤던 기쁨은
고무창 속에서 함께 나이를 먹었다

첫사랑의 떨림이 밑창을 닳게 했고
그를 향해 달려가던 발걸음이 마모시킨 바닥은
내가 살아낸 사랑의 시간을 오늘도 껴안고 있었다

이를 어찌 그저 낡은 것이라 부를 수 있으리
나는 그것을 인생의 여정이라 부르겠다

움직임이 있는 곳에 의미가 깃들고
시간이 흐르는 곳에 자라라는 마음이 있다면
나는 이 운동화와 함께 걸었던 거리와 나날을
존재로 기억으로 품겠다

그리고
그 낡고 달아 없어진 상처만큼
나도, 내 사랑도
그만큼 자라 있음을…
오늘 너를 다시 마주하며
비로소 알게 되었다

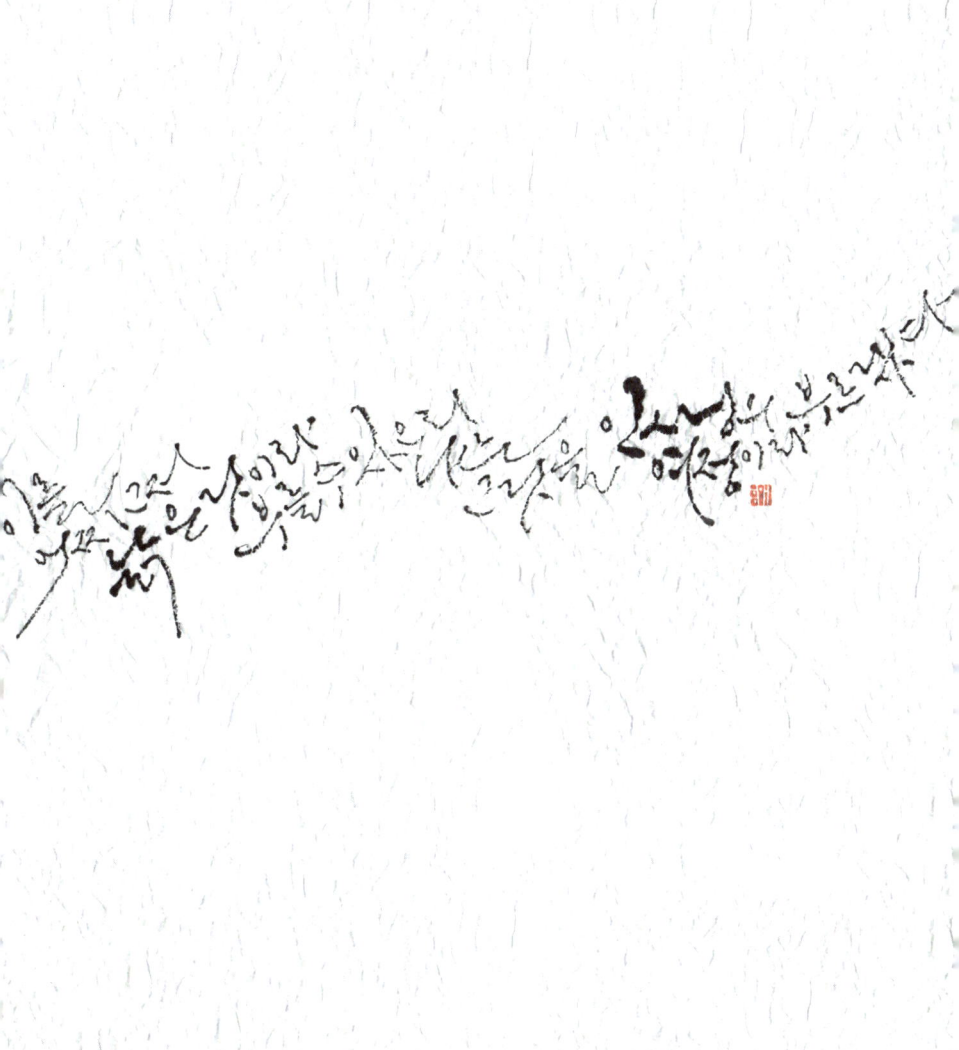

아무도 없다

출근길
가로등을 필요로 하는 사람은 아무도 없다

밤새
어두운 길을
밝혀 준
가로등에

감사한 마음을
가지는 이도
아무도 없다

하지만
이 가로등은
오늘 밤도
다시
켜질
것이다

오래된 지갑 속 입술

외롭고 지친 하루
가족 사진첩을 펼쳤다
그 옆, 먼지 쌓인 아빠의 지갑이
오늘따라 눈에 밟힌다

날 홀로 키우신 아빠
엄마 없는 딸로 자란 나는
그의 사랑을
이제서야 알게 되었다

지갑 속, 젖은 편지 한 장이
시간 속에서 흘러나왔다
왜였을까…
힘들었고, 아팠고, 너무 오래 걸렸다

"사랑하는 내 딸, 아빠가 너무 미안해.
다시 태어나도 내 아빠가 되어줄 거냐고 물었지?
그때 대답할 수 없었던 아빠를 용서해 줘."

"아빠가 너무 부족해서
아무것도 너에게 해 준 것이 없어서
다시 아빠가 되어
너에게 짐만 지울까 봐 선뜻 대답을 못했단다.
못난 아빠를 용서해다오."

"하지만 넌 내 우주란다.
내가 가진 전부이고
내가 보고 느낀 그 무엇보다도 귀한 존재야.
아빤 언제나 너를 지켜줄 거야."

그 사랑은 지금도 여전히 나를 감싼다
하늘의 기도는
오래된 아빠의 지갑 속 입술을 통해
내 가슴 깊이 파고든다

다시는 만질 수 없는 아빠의 사랑이지만
그 사랑은 여전히 내 영혼을 안아주고 있다

하늘에서 나를 위해 기도하며 부르는 그 입술이
지금도 내 귓가에 속삭인다

"당연하지.
아빤 다시 태어나도 우리 딸 아빠 해야지.
너무도 사랑한다 내 우주보다 소중한 내 딸."

그 사랑을 내 삶에 새기며
오늘도 나는 아빠의 우주를 살아간다

그런 바닥 (세상의 모든 부모를 위하여)

언제나 기대어 설 수 있는
그런
광활한 바닥

수천 번 넘어져도
결코 무너지지 않는
그런 단단한 바닥

자녀의 꿈을 함께 바라보며
끝없이 지지해주는
그런 자유로운 바닥

아이의 웃음 하나에
온 인생을 바치는
그런 묵묵한 바닥

꿈의 관계

꿈…
꿈을 꾸는 자
꿈을 잊는 자
꿈을 양보하는 자

그 꿈을 향해
아이들은 길을 떠나고
선생님은 길잡이가 되어주며
부모님은 아낌없는 희생으로
그 길을 지켜준다

오늘
이 세 꿈들이
한자리에 모여
모두의 가슴을 울렸다

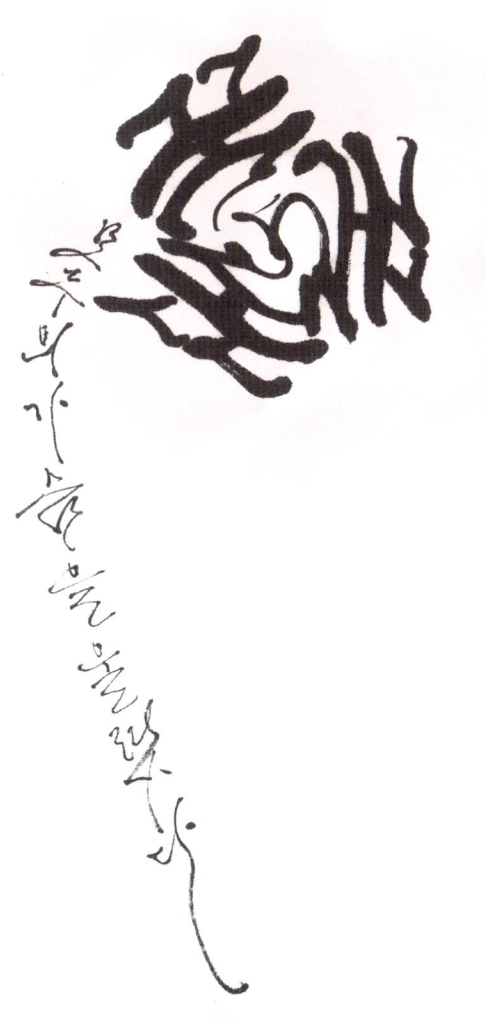

무지

보이지 않는다고 해서
존재하지 않는 것이 아니다

손끝이 저리도록 암벽을 오르고 나서야
평지의 고마움을 알 듯

바다에 빠져 소금물을 코끝까지 들이키고 나서야
공기의 소중함을 알 듯

자식을 향한 부모의 마음은
언제나 걱정과 사랑으로 가득 차 넘쳐 흐르지만
자식들은 무지하여 느끼지 못한다

그 숭고한 사랑을…

두 분을 멀리 떠나 보내고 나서야만
부모님의 사랑을 알아간다

그 사랑은

살아가는 사랑은
보통의
나선형만
돌려본다를
다 보아를

봄비

아빠를 보낸 지 벌써 1년
카페 창밖엔 봄비가 조용히 내린다

유리창 너머
맺힌 그리움이 벅차오르자
익숙한 실루엣이 배경 되어
또로록, 빗물 흘러내린다

옆 테이블에서
드라마 속 관식이가
슬쩍 나를 보며 말을 건넨다

"아빠 항상 여기 있어.
수틀리면 빠꾸.
그냥 냅따
아빠한테 뛰어와."

그 한마디에

뿌리가
깊으면
흔들림이
적다
그러나
뿌리한테
물어보라

한 시간 동안 꺼이꺼이 울었다

그렇게 아빠는
내 마음 속 가장 첫 자리에
여전히 앉아 계셨다

빈 의자 앞에서

영혼이 되어, 신께 간청하던 그날
다시… 오랜 세월이 흘러
그리운 집을 찾아왔다

내가 세상 등 뒤로 남겨 두고 간 그 자리는
아무 일 없다는 듯
고요히 그대로였다

식탁 앞에서 엄마는 고요히 눈물을 흘리며
내 빈 자리를 오래도록 바라만 보신다
밥 한 술 대신 울음을 삼키며
내 이름을 기도로 꿰어 엮는다
그렇게 엄마의 또 다른 하루는
끝내 그리움에 물들어 간다

내 방 책상 옆, 익숙한 빈 의자 하나
그 위에 앉은 아빠의 어깨가
오늘따라 더 작아 보인다

두 뺨에 범벅된 눈물 자국은 아직 마르지 않았고
언제나 날 부르던 아빠의 목소리는
이제 바람의 기도 되어
애절히 흘러만 간다

간절한 그리움 속에서도
시간은 매정하게 멈추지 않았고
그 자리는 비어 있었지만
내 영혼은 여전히 그 곁에 머물러 있었다

오늘도…
엄마 아빠는 나의 이름을 조용히 불러보며
눈물 속 하루를 또 살아가신다

그 사랑은 죽음을 건너
영원히 나의 곁에…

그리고, 여기…

이 빈 의자에

아직 남아 있다

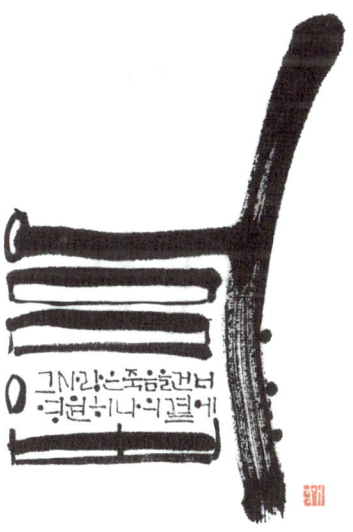

2부
존재와 자아,
깎여나간 자리에서

덜어냄

차가운 바위 속
나는 숨죽여 있었다

그러다
망치의 울림
끌 끝의 속삭임이
조심스레 다가왔다

두려웠지만
그는 나를 베지 않았고
내가 아닌 것들만
조용히 떼어냈다

그것은 고통이 아니라
정확함이었고
공포가 아니라
해방이었다

깎여나간 자리에서
비로소
진짜 나를 만났다

나는 너에게 말한다

덧붙이려는 너는…

이미 충분히 아름답다

콜라병 존재론

(부시맨과 철학자 그리고 사물에 말을 걸다)

투명한 빈 병 하나가 사막 한복판에 떨어졌다
부시맨은 하늘을 올려다 본다

"신의 선물이야!"
그는 병을 들어올리며 기쁨의 기도를 올린다

우리는 그것을 '빈 콜라병'이라부른다
아무런 가치를 붙이지 않고
그저 버려진 쓰레기로 치부한다

그러나 부시맨은 그것을 신의 선물이라 믿는다
물을 긷고, 요리를 하고, 소리를 내어 연주하며
때로는 동물을 사냥한다

플라톤은 외친다
"그건 진짜가 아니야. 본질은 이데아에 있어."

그러나 부시맨은대답한다

"나는 이 병으로 목마름을 달랬고
가족을 먹였으며, 동물과 싸웠고
분노를 던졌고, 울음으로 마음을 씻었다."

이 안엔 더 이상 콜라도 없고, 청량한 탄산 거품도 없다
그러나 병은 여전히 내 손에 쥐어져 있다

본질은 무엇을 담았느냐가 아니라
그것이 어떻게 쓰여지고 있는가에 달린 것이 아닌가?

누군가는 그것을 쓰레기라 부르고
누군가는 그것을 도구라 한다

나는 그것을 존재라 부르겠다
내가 손에 쥐는 순간, 존재는 가치를 입는다
그리고 내가 살아가는 한
본질은 그 순간마다 의미를 찾아간다

훌륭한 예술 작는 사람이라
그것이 어떻게 쓰여지고 있는가에
쏠린 것이 아닌가

흐름 속에 머문 하루

불어오는 바람은
그대로 맞이하고
일렁이는 물결은
잠재우려 하지 않는다

출근길
무거운 발걸음을 힘겹게 떼어내며
산더미 같은 서류 속에
내 어린 꿈 하나
조용히 접어 둔다

와이셔츠에 스며든
땀과 열기 속에
일터의 서러움까지
함께 배어든다

발바닥을 짓누르는
하루의 무게와 고단함이

온몸으로 스며들어…
나는 말없이 발걸음을 옮긴다
흐름에 몸을 맡긴 채
오늘도 집으로 향한다

길들이는 삶

길들여졌다
아무런 의심도 없이
정해진 틀 속에서 순응하며 살아왔다
"네 나이엔 그거 해야지!"
누군가의 말 속에서 하루가 흘러가고
계절이 바뀌어도 달라지는 것은 없었다

안락한 굴레 속에서
오늘도 똑같은 하루를 마친다

그러나
어딘가에서 들려오는 거친 심장 소리…

Be you!
너 자신을 살아!

벗어나려 몸부림치지만
두려움이 나를 붙잡는다
멈춰선 채

공포와 씨름하며 떨고 있는 나

이대로 시들어갈 것인가?
심장의 울림과 손끝의 떨림이
서로를 밀어내며 부딪친다

아니, "나는 더 이상 길들여지지 않아."
이제 내가 삶을 길들인다

스스로 선택한 길 위에
온전한 나로 서겠다
나를 가두던 모든 것을 뒤엎고
새로운 길을 만들어 가겠다

어제의 길들여진 나는 사라지고
오늘, 길을 개척한 내가 태어났다

길들여진 삶에서
길들이는 삶으로…

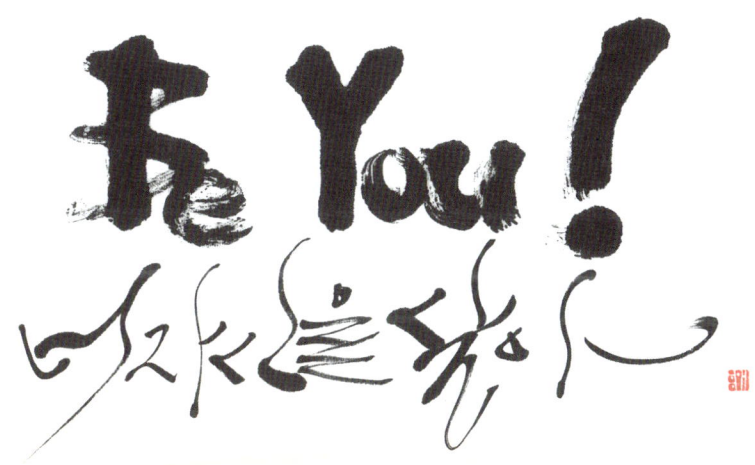

흘러가는 것들 속에서

온 마음 열어 두 손을 펼쳤다
세상이란 폭포를 품으려 했다
물줄기는 바람을 타고
물보라는 손끝에서 흩어졌다

붙잡으려, 붙잡으려
애쓰면, 애쓸수록
비워지는 것들…
무심히 스쳐만 간다

인기도, 자본도, 권력도
경험도, 지혜도, 진리도
모두 물처럼 흘러만 간다

간절한 욕망은 강물이 되어
목마른 나를 휩쓸었고
채우려던 갈증은
끝없이 깊어졌다

힘겨운 손을
툭, 내려놓는 순간…
나는 강물 위에
물이 되어 흐르기 시작했다

이제는 그저 흐름을 느낄 뿐
떨어지는 햇빛, 스치는 바람
내 뺨을 적시는 온기와 포근함…

그제야 내 몸이 느껴지고
내 숨소리가 들려온다
이제야 내 마음이 보인다

나는
처음으로
온전한 나를 만났다

Someday, Somewhere (어느 날 어딘가에서)

비 내리는 퇴근길
화려한 간판 불빛 사이로
분주한 걸음들이 나를 스쳐 간다

나는 그 속에 서 있다
말 없이, 얼어붙은 채로…

손끝에서 흩어지는 나의 꿈
골목 어귀 어둠 속으로
희망마저 조용히 사라져 간다

뜨겁고도 짜디짠 눈물 속에서
힘겹게 꺼내 쥔 단 한 줄의 속삭임

Someday, Somewhere
어느 날, 어딘가에서
나를 위한 바람은 다시 불어오고
무너진 마음을

다시 어루만져 줄 것이다

벼랑 끝 그 길 위에서도
작은 빛은 머무르고

천천히 눈을 뜬다
내 안에 잠든 꿈

Someday, Somewhere
희망은 다시
그렇게 내게 다가온다

Someday Somewhere

바람 끝그늘 무네 도착은 멋은 어무르고

천천히 눈을 뜨다 내안에 자는 꿈

어제를 걷는다

발끝에 머문 기억
바람에 스며든 시간

오늘의 나
어제의 나를 딛고

오늘도 걷는다

오늘의 나, 어제의 날들로 오늘도 내일을 본느다

멀어져야 보이는 것들

장기 출장
마침내 45일만에…
한국으로 돌아왔다

목이 메도록
맛있고
가슴 저리도록
소중한 이것

항상 곁에
있었던 그것
이제야 절실히 안다

따뜻한 쌀밥 한 숟갈
김치 한 조각

3부
사랑, 이름 없이 흐르는 것들

그런 소중한 사람

길 위에서 번개처럼 찾아온
그런 소중한 사람

우연처럼 다가왔지만
필연처럼 느껴지는 사람

억지로 붙잡지 않아도
그냥 그렇게 곁에 머무는 사람

아무리 밀어내려 해도
결국 떠나지 않는 사람

언제나 내 옆에서 서성이며
나를 걱정해 주는 사람

아픔과 고통의 터널 속에서도
말없이 손잡고 걸어주는 사람

자신의 삶보다
내 삶을 더 귀하게 여기는 사람

스스로보다
나를 더 아껴주는 사람

난 지금
그 사람과 함께 있다

님

나의 하루는 언제나 너를 향해 흐르고
내 마음은 아낌없이 너의 미소에 꽃을 피운다

내 발걸음이 어디에 닿든 너의 길을 따라가며
내 시선은 네 걱정만 붙들고 오늘도 밤을 지샌다

나의 꿈은 너의 행복 속에 빛나고
내 어두운 밤은 너의 미소를 품고 깊어져만 간다

너의 웃음이 나의 세상인 듯
나는 오늘을 너에게 내어주고
네 눈물이 내 마음을 삼킬 때
내 세상은 그 순간부터 부서져 사라져 간다

나는 말할 수 없다
너를 사랑한다고…
사랑은 이렇게 고요하게 아프다
소리 없이 흐르는 사막의 새벽 이슬처럼…

너의 꿈이 아침의 빛을 맞이할 때까지
나는 언제나 고요히 네 곁에서 기다린다

나는 행복하다
네가 이 세상에 있기에…
난 오늘도 그렇게 숨을 쉰다
너를 위한 한 번의 들숨을…
또 애써 숨을 내쉰다
너를 사랑한다고…

어루만짐

이불 틈새
새벽 공기가 발끝에 닿아
조용히 아침을 깨운다

창틀 위 오후 햇살은
알루미늄 샤시를 뜨겁게 달구고
무릎에 스친 상처 위로
엄마 손끝이 조용히 머문다

깁스한 다리
그 위를 덮는 저녁 공기 속에…
아빠 등의 따스한 온기로
내 하루 저물어 간다

아빠하늘이
라스한웃음
너머로
저물어간다

향기

비늘 아래 숨죽인 숨결
비린내 되어 내 콧등을 스친다

미역 줄기 바람 따라
짠내, 물결 되어 항구를 감싼다

젖은 나무짝, 세월을 품어
묵은 향기 되어 바닥에 조용히 깃든다

좌판 너머
엄마의 앞치마엔
비린 손끝 사이로 비누 향이 스며든다

갑판 위
아빠의 등엔
스며든 땀내가 하루의 무게를 말없이 안고 있다

비누 향기, 땀내 따라 문을 열면…

칙칙칙, 밥 냄새가

따뜻하게 나를 반긴다

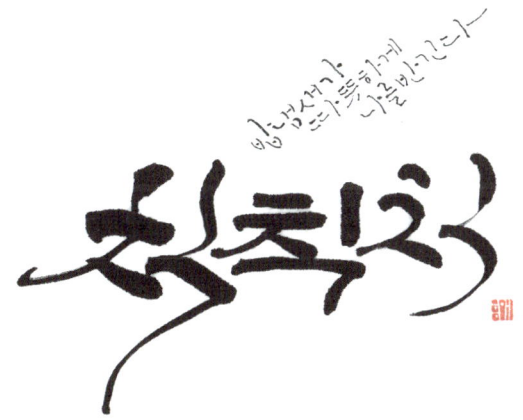

외로움

내 안의 가장 깊은 고통
그것은 혼자라는 감각이다

탯줄이 끊어지는 그 순간
나는 처음으로
세상에 홀로 던져졌다

찢어진 선처럼 홀로 떨어져 나온 나
엄마의 품은 그렇게 멀어져 갔다

그러나 그 상실은
결국 새로운 사랑을 불러왔다
그 사랑은 다시
작은 사랑을 품었다

끝없는 고요 속에서
사랑은 계속해서
흐른다

사랑은해서 행복들만드는것

친구

아무런 조건 없이
아무런 기대 없이
아무런 목적 없이

그냥 그렇게
한걸음에 달려와 주는
그런 친구를 오늘 만났습니다

그냥 그렇게 마주 앉아
서로 웃으며
인사를 나눕니다

"잘 지냈어?"

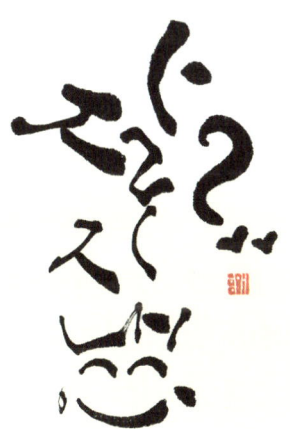

석양이 붉은 이유

문득 네 생각이 난다
전화를 건다
"커피 한 잔 할까?"
그렇게 너에게로 향한다

바쁜 하루를 보내고
시간을 쪼개고 또 쪼개어 본다
그 조각을 너에게 바친다

새 옷을 살까?
예쁜 구두는 어떨까?
월급날이 다가온다
너를 위한 선물…
그렇게 포장까지 마쳤다

그녀의 머리 위에 빛나는 핀 하나
그 하나를 위해 그는 정장을 팔았다
그의 정장에 어울릴 손목의 시계 하나

그 하나를 위해 그녀는 머리를 잘랐다

그 발길의 끝에 내가 있는 사람
오직 나를 위해 오는 사람
세상의 수많은 길 중
단 하나만을 선택하는 사람

나는 물었다
"어떤 사람이 사랑일까?"

그의 대답이
내 가슴을 설레게 했다

해맑은 미소로 그는 말했다
"나는 그냥 너라서 오는 사람
그런 사람이라서 너와 함께해야 하는 사랑
오직 너 하나만이 삶의 이유가 되는 사람
수많은 길 중 단 하나만을 선택하는 사람

그리고 다행히
그 선택이 언제나 너라서
행복한 사람."

그제야 나는 알았다
내가 너를 선택한 이유를
너 역시
나를 선택한 이유를

오늘 석양이
더 붉고, 더 아름답다

찬 서리 나린 아침 한송이 눈물꽃

우리에게 남은 시간 (그리움은 241번째에 찾아온다)

한 달에 한 번
부모님과 함께하는 식사 시간, 고작 두 시간

그 중 눈을 마주치는 시간은 단 5분
돌아서기 전, 살짝 안아 드리는 순간은 겨우 2초 남짓

너무 늦기 전에 깨달아야 한다
시간은 소리 없이 멀어져 간다는 것을…

남은 만남은 240번
남은 식사 시간은 이제 20일
남은 눈맞춤은 고작 19시간 55분
남은 포옹은 단 8분

단 8분
그것이 부모님과 내게 남은 전부의 시간이다

그리고 241번째부터는…
부모님 대신 그리움만이 조용히 나를 찾아온다

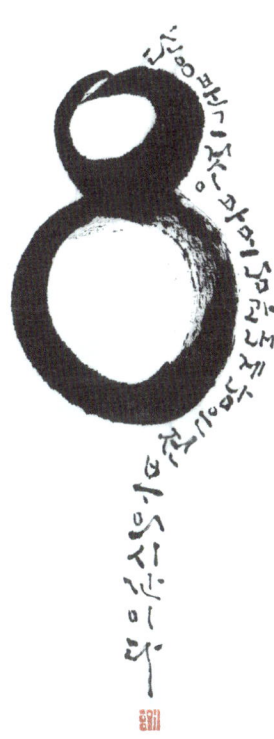

식은 사랑 후에야

절망은 차갑게 식은 사랑 뒤에 찾아왔다
너의 휠체어, 너의 병실 침대
그 빈 자리가 내 마음 깊숙이 파고든다

상처 입은 몸과 마음
버려야 할 순간이 눈앞에 다가온다

모두가 떠나야 한다고 말했다
모두가 보내줘야 한다고 말했다
수많은 이유들이 헤어짐의 마지막을 부르고
수많은 사람들이 내 삶을 다시 찾으라 말했다

하지만 나는 떠날 수 없다
하지만 나는 보내줄 수 없다

내가 너를 떠날 수 없다면
아니, 떠나 보내지 않는다면
그것이 진정한 사랑일까?

삶은 사랑 후에야
다시 시작할 줄 알았다

사랑이 식은 뒤에야 알게 되었다
차디차게 멀어진 그 다음에야…
보이지 않는 진정한 내 사랑이
다시 내게로 돌아왔음을…

차갑게 식은 내 사랑이
그렇게 다시 나를 품었다

식은 사랑 후에야
다시 내 사랑인 줄 알았다

미안함으로 남은 사랑

햇살처럼 설레던 웃음으로 시작된 사랑
시간이 흐르며 무뎌지고, 무거워진 채
결국 서로의 마음에 상처만 남긴다

부모는 정성껏 자식을 키우지만
다 자란 자식에게 허락된
부모와 함께할 시간은 그리 오래 주어지지 않는다

사랑은 왜 그런가?
줄수록 오래가고
받을수록 짧기만 한 것인가?

꼭 했어야 했던 말
끝내 하지 못한 말
천 번쯤은 더 했어야 했는데
차일피일 미루고 또 미뤘던 말

이제야 용기 내어 조용히 말해 본다

"미안해."

하지만 너는, 더 이상 내 앞에 있지 않다
결국, 내 마음 속에서만 되뇌인다
"정말… 미안해."

바람처럼 지나간 사랑이지만
그 미안함만 내 가슴에 사무친다

미안해 정말 미안해.

그 따스한 눈빛 그리고 그 손 잡음

그 향기는 다음 해 겨울
새벽의 대기를 감싸안고…
그 꽃잎은 다음 봄날의 흙이 되었습니다

몇 번이고 부서졌을 그 마음은
눈물로 젖고 또 젖어
새 아침 이슬 되어 꽃봉오리에 머뭅니다

홀로 남아 있는 당신의 꽃봉오리에
조용히 속삭입니다

너는 여전히 내 사랑스런 딸이라고
너는 지금도 내 자랑스런 아들이라고

그렇게 너울대던 엄마 아빠의 따스한 사랑은
오늘도 우리 곁에서
하루를 살아가는 발걸음이 되었습니다

그사랑은 이따뜻함이 꽃들생명에게 전해지고 한 마음도 소생됩니다

그렇게 그 향기는 다시 꽃이 되어
세상의 모든 자리에 빛을 심고
따스한 눈빛과 손이 되어
세상을 품고 그 속을 어루만집니다

그 사랑은 이 땅을 넘어
모든 생명에게 사랑스런
희망의 손 잡음이 되었습니다

너를 만나고

너를 만나
세상을 다시 바라본다

너를 품에 안던 그날
떨리던 내 두 손끝

살포시 닿은
붉고 여린 너의 볼살

작고 고른 너의 숨소리는
내 가슴에 영원히 새겨졌다

그 순간부터
나는 인생의 의미를
조금씩 알아간다

그 여정의 끝에서
나는 나를 다시 만난다

사랑한다
우주보다 소중한
내 아들아

꽃을 보듯 너를 본다

한 장만 찍자

어릴 적 나는
사진 앞에서 자주 고개를 떨구었다
억지로 웃는 게 싫었고
부족한 모습을 남기고 싶지 않았다

아빠는 늘 부드럽게 말씀하셨다
"한 장만 찍자, 응?"

나는 몰랐다
그 한 장이
시간을 붙드는
유일한 방법이었다는 걸

이제는 내가 말한다
흐려지는 아버지의 눈동자를 바라보며…
"아빠, 제발요.
한 장만… 한 장만 더, 함께 찍어요."

그리고 셔터를 누른 순간
아빠는 호흡기 튜브를 입에 문 채
미소를 지으며
V자를 그리셨다

"김치~!"

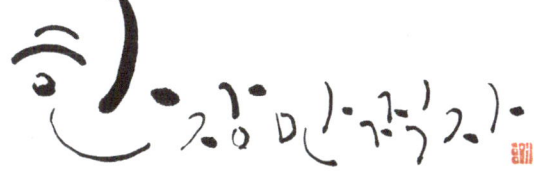

부탁

묻지 말아라
좁은 흙 속에 갇혀
숨 막히게 살긴 싫다

화장하지 말아라
죽으면 지옥 갈 것을
지옥 불, 한 번이면 족하다

그냥
놓아다오
산에, 들에, 바다에…
바람이 부는 그 어느 곳이든 좋다
자유로이 흩날릴 수 있도록…

내 작은 숨결이
풀잎 위에 머물고
파도에 닿고
하늘 끝 별빛에 스며들게 해다오

나 별것 아니지만

여기저기 떠돌며

살아보고 싶구나...

여전히 아침은 온다

아빠를 보낸 지
벌써 이 년이 흘렀다

비 내리는 거리를 바라보면
얼굴 위로 그리움이 비처럼 내린다

퇴근길마다
아빠 손엔 늘
내가 좋아하던 아이스크림이 들려 있었다

오랜만에 걸어본 안부전화 끝에서…
"아빠는 우리 딸이 있어서 살았지.
힘들어도, 우리 딸이 있어서 버텼어."

그 한마디 기억에…
베개와 이불이 밤새 조용히 젖어갔다

아침이 다시 찾아오면

동에듄

우리꽃들이 울에서 살고 있지

아빠가 만들어준
계란찜과 따뜻한 밥 냄새가
기억 속에서 나를 깨운다

나는 또 이렇게
아빠 없는 한 해를
천천히, 그러나 단단히 살아낸다

입 안의 온도

차디찬 우유에
서걱서걱 시리얼을 말아
오늘 하루를 씹는다

냉장고에서 꺼낸 샌드위치 한 입
콜라는 목을 타고 쓰리게 내려간다

딱딱한 빵 조각
딱딱한 의자 위에서
홍차 한 모금으로 하루를 삼킨다

그럴 때마다 입 안에 털어 넣는다…
엄마의 된장국
단짠한 멸치볶음

입 안 가득
엄마 밥은 없고
눈물만 천천히 고인다

겨울이 시리면
아빠 품에서 꺼내 주시던
붕어빵 하나
앙금에 데이던 그 순간
목이 뜨겁게 메인다

앙안가득
엄마 밤은 없고 눈물만
천천히 고인다

귓가에 남은 것들

퇴근 후
냉장고는 우웅거리고
벽시계 초침은 또각또각 시간을 쪼갠다

어릴 적
엄마의 자장가가 들려오면
나는 지친 하루를 가만히 품에 안고 잠이 들었다

이른 새벽
소리 없이 나가시던 아빠의 발소리에
나는 눈을 떴다

"밥 먹어!"
부엌에서 날아오던 엄마의 목소리
"도시락 가져가야지!"
숨차게 쫓아오시던 엄마의 발소리가 그립다

그 소리들이

이제는 귓가에 남아

오늘의 나를 조용히 일으켜 세운다

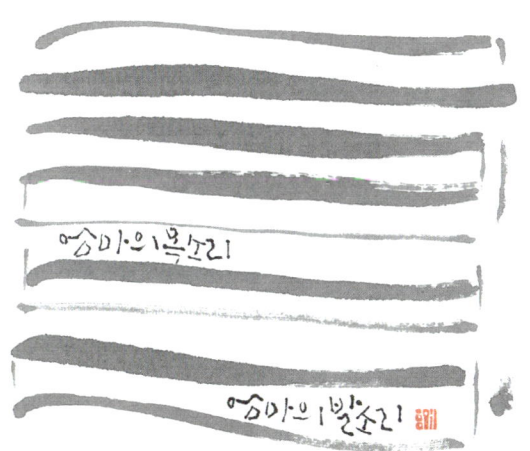

빛은 거기까지였다

12월 24일 밤
아빠는 트리 꼭대기에 별을 달고 계셨고
엄마는 버터 연기를 흘리며
스테이크를 굽고 계셨다

식탁 위 조명 아래
우린 촛불 위로 숨을 모았다
케이크 위 초가 다정하게 흔들리고
온 가족의 웃음이 그 위에 머물렀다

지금 내 앞엔
캔맥주 한 캔과
나초봉지 하나

엄마의 웃음도
아빠의 뒷모습도 없고
그저 넷플릭스 영화만
조용히 홀로 돌아가고 있다

불빛은 여전한데…

나의 빛은

거기까지였다

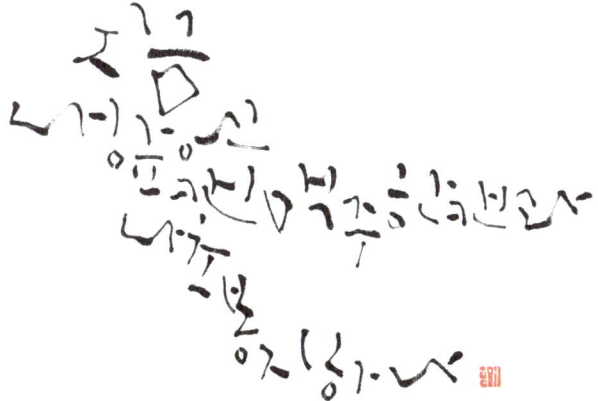

4부

상실 이후에도 남아 있는 것들

닫힌 문

길 위에서 누군가 다가와
내게 길을 알려주었다
하지만 나는 돌아섰다
그의 친절함이 너무 낯설고, 두려웠다

목마름의 끝에서
누군가는 내게 물을 건네주었다
하지만 나는 또 한번 고개를 내 저었다
그 안에 독이 있을까 봐
그의 마음을 의심했다

한 사람, 또 한 사람
내 등 뒤 그림자처럼
하나 둘 밀어내기만 했다
그렇게 나는 다시 혼자가 되었다

이 외로움은
내가 스스로 선택한 것이었음을

삶 – 죽음 – 그리고
다시 – 태어남
어쩌면 – 이 모든 것은
저 너머의 – 있는 – 그 무엇이
나에게 – 보내는 – 의미있는
사인 – 일지도 – 모른다
나이의 흐름

이제야 조금씩 알 것 같다

사랑이 나를 찾아 오지 않았던 것이 아니라
내가 눈을 감고 외면하고 있었다는 것을…

이 문은
다시 열릴 수 있을까?

조용히 문 앞에 서서
나는 스스로에게 되뇌인다

이 사랑이 얼마나 소중한지 알기에
나는 더 조심스러웠던 것이라고…

나는 문 앞에 서 있다

나는 지금도
너의 문 앞에 서 있다

몇 번의 계절이
이곳을 머물렀다 스쳐갔는지 모르지만
나는 떠나는 법을 버렸다…
네가 나를 몰라보는 날조차도…

어젯밤
낯선 술 냄새가 문틈을 타고 흘러들었다
몇 번의 목넘김이 고통과 싸웠을까
너의 고단한 향기가
그대로 내 마음까지 스며들었다

그리고 이른 새벽
묵직한 발걸음 소리가 하나 들려왔다
무너진 마음을 실은 너의 무거운 걸음이
내 가슴까지 울려 퍼졌다

나는 너를 부르지 않았다
그저 너의 고요 속에
조용히 남으려 했을 뿐…

너의 두려움이
너의 상처가
이 사랑을 밀어낸다는 걸
나는 알고 있다

그 사랑이 얼마나 소중한지 알기에
더 조심하고 있었던 너를
나는 지금도
이렇게
너의 문 앞에 서 있다

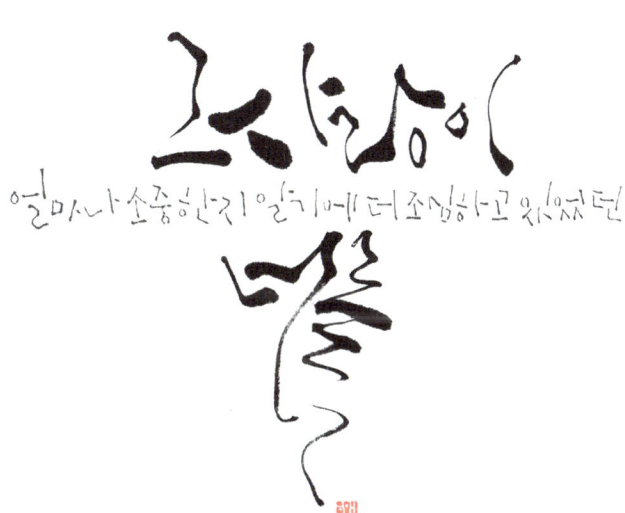

그루터기의 속삭임 (세대를 잇는 나무의 노래)

어느 날
바람 타고 갓난아기의 울음소리가 흘러왔다

늙고 주름진 할아버지의 손길에 이끌려
나는 작은 묘목으로 세상에 첫 숨을 내쉬었다

그때 어디선가 들려온
늙은 고목 그루터기의 속삭임…

"너의 잎사귀마다 이야기가 피어나길~."

시간은 흘러
아기였던 소년은 자라 햇살 아래 책을 들고 와
조용히 내게 말을 건넸다

그의 웃음도, 눈물도
바람을 타고 내게 닿았고
때론 분노에 흔들리는 몸짓까지도

새
보이지 않는
길을
더듬어
찾아가듯이

나는 고요히 받아들였다

모든 감정을 품으며

그 자리에 뿌리내린 채 그렇게 서 있었다

세월이 흘러

또 다른 생명이 새롭게 태어난 날

이제는 늙은 그루터기가 된 내가

새로 돋아난 어린 묘목에게

사랑스레 속삭였다

"너의 가지 가지마다 세상의 노래가 함께하길~."

맨발로 돌아온 날

(탕자의 귀환 1 :: 아들의 시)

길이라 부르기에도 참담한
돌뿌리와 굶주림 속에서
나는 후회의 진창 위를 걷고 있었다

한쪽 신은 벗겨졌고
남은 신마저도 반쯤 닳아 있었다

발바닥은 터지고
내 마음에는
오래 전 버려진 이름 하나만 남아 있었다

나를 부르는 이도
기억하는 이도 없었다
나는 내가 누구였는지도
이제는 기억할 수 없었다

떨리는 손으로 문을 열고
말없이 무릎을 꿇었다

아버지를 바라볼 용기도
목이 메어 부를 힘도 없었다

그때, 등에 내려앉은 두 손이 있었다
하나는 어머니의 숨결처럼 부드럽고
다른 하나는 아버지의 침묵처럼 단단했다

그 두 손은 나의 죄를 묻지 않았다
대신 짊어지고, 말없이 나를 끌어안았다

나는 그 손에서 기다림의 무게를 느꼈다
질책이 아닌, 상처마저 안아주는 사랑의 흔적
이미 흘러내린 용서의 따스한 손길이었다

내 발엔 아직 벗겨진 신 한 짝뿐이었지만
그날 나는 비로소 돌아왔다
그 품, 아버지의 집으로…

그렇게 나는 버려진 아들이 아닌

다시 받아들여진 사람이 되었다

나는그곳에서 기다림의 무게를느꼈다

침묵이아닌 상처마저안아주는 사랑의흔적

이미흩어져버린웃음이 따스한손길이었다

아버지의 손

(탕자의 귀환 2 :: 아버지의 시)

나는 두 손을
아들의 등에 얹었다

한 손은 어머니의 숨결로
조용히 어루만졌고
다른 손은 아버지의 침묵으로
단단히 붙잡아 세웠다

넌 모른다
내가 이 날을
얼마나 오래, 얼마나 깊이
참고 기다려 왔는지를…

너는 돌아왔다
왼쪽 신은 벗겨져 사라졌고
다른 쪽 신은 반만 남아
겨우 걸쳐 있었다…

수많은 나날 동안
후회의 눈물로 닳고 짓눌린 얼굴을 숙이며
너는 말없이 내 앞에
무릎을 꿇었다

사랑은 말이 없고
용서는 이미
눈물 속에 스며 들었다

돌아온 너를 안으며
나는 비로소
다시 너를 품는다

흐름

먼 옛날, 지구의 첫 숨결이 일렁일 때
물 한 방울, 세상에 태어났다

하늘로 올라 구름 되어 떠돌다
강줄기 따라 굽이굽이 흘러내렸다
수천, 수억 해를 돌고 돌아
온 세상을 조용히 적셨다…

오래고 긴 그 여정 끝에
그 물은 내 입술을 적시고
피가 되어, 살이 되어
내 삶의 시간을 지탱했다

그러다 언젠가
내 숨이 마지막 고요 속에 머물면
내 몸의 물은 흘러나와
다시 하늘로 오르리니

흐드러진 구름 되어
또 다른 생명을 향한
여정을 시작하리니

그러다 문득
한 마른 가지 끝에 맺혀
투명한 이슬방울이 되고

목말라 갈라진 짐승의 목 안으로

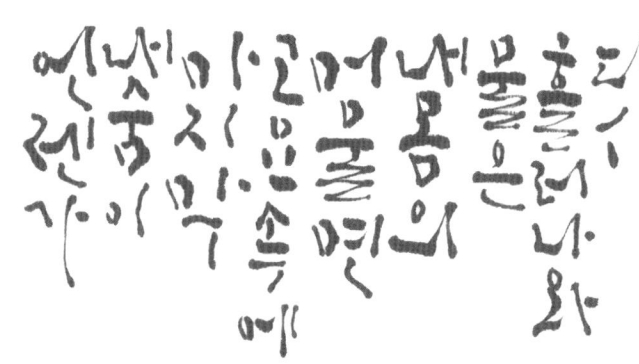

조용히 스며들어
그 생을 다시 일깨우리라

또 다른 생명 속으로
그렇게 다시 흘러 들어가리니

흐름의 숨결은
오늘도 여전히 일렁인다

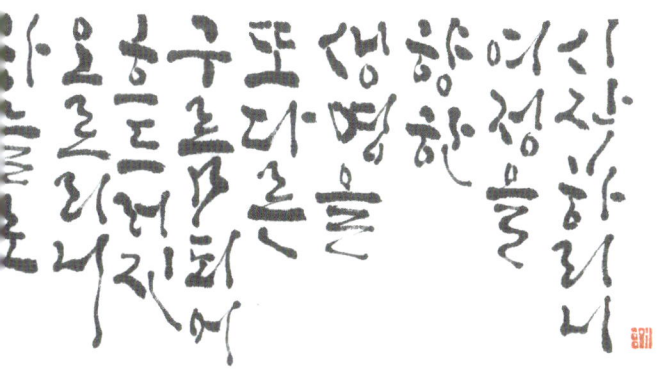

젖은 미소

그의 미소 뒤에 숨은 슬픔을 바라보며
나는 그의 깊은 고통을 느낀다

말없이 다가가 그를 안았을 때
외로웠던 나날들이 솟구치는 샘물 되어
내 뺨을 적신다

"울지 마라, 울지 마라."
나는 말하고 싶지만
아무 말도 하지 않았다

그저… 조용히 안아줄 뿐

흐르는 눈물 속에서
부모님을 하늘나라로 보낸 그의 슬픔을
함께 안았다

한참 동안 우리는 말없이
서로의 젖은 미소만을 바라보았다

선택 받은 기적

한 여인이 암 선고를 받았다
처음에는 신을 원망했다
왜 하필 나인가
왜 나에게 이런 시련을 주시는가

그러나 그 원망은 오래가지 않았다
그녀는 곧 두 손을 모아 기도했다
신의 뜻을 다 헤아릴 수는 없어도
감사를 드려야 한다고 믿었기 때문이다

그 모습을 본 친구가 조심스레 물었다
"신은 모든 것을 주관하신다며?
그렇다면 네 암도 그분의 뜻이겠지.
그런데… 정말 원망스럽지 않아?"

그녀는 부드러운 미소로 대답했다
"아니, 난 신께 감사해."

도무지 이해할 수 없었던 친구는 다시 되물었다
"감사? 왜 감사해?
원망해야 하는 거 아냐?"

그녀는 환하게 웃으며 다시 입을 열었다
"감사할 수밖에….
신께서 나를 선택해 주셨으니까."

친구는 화가 치밀었다
"말도 안 돼! 그냥 힘들다고 해!
원망스럽다고 해도 괜찮아!
제발 좀 솔직해져!"

그러나 그녀의 눈에는
기쁨의 눈물이 흘러 내리고 있었다
"정말이야. 난 감사할 수밖에 없어.
그분이 나를 선택해 주셨으니까."

친구는 답답한 마음에 입술을 깨물었다
그때, 그녀의 다음 말이
친구의 가슴을 깊숙이 파고들었다

"이 병이 찾아간 사람이…
내가 가장 사랑하는 엄마가 아닌 것에…
내가 가장 아끼는 언니와 동생들이 아닌 것에…
그리고… 내가 가장 좋아하는 네가 아닌 것에."

그녀의 목소리는 흔들림이 없었다
"그분이 너 대신 나를 선택한 거야.
그것만으로도 나는 감사하고, 행복해."

친구는 더 이상 아무 말도 할 수 없었다
그녀는 아픔 속에서도 사랑을 선택했다
신의 뜻을 다 알 수는 없어도
그녀는 누구보다도 강하고 아름답게
살아가고 있었다

그리스는 아픔 속에서도
사랑을
선택했다

열흘의 약속

차디찬 바람 속
나는 말이 없었다
서리와 눈발에 뒤덮인 날들 속에서도
묵묵히 뿌리를 감싸 안았다

햇살은 짧고 밤은 길었다
세상에 잊힌 듯 살아가면서도
내 안의 약속은
조용히, 그러나 단단히 숨 쉬고 있었다

열흘
찰나의 봄
그 짧은 시간 속에
나의 모든 계절을 쏟아 내리라
나는 다짐했다

그리고 오늘
나는 피어났다

꿈이 뭐 별거냐 있다는 것을
바로 손에 잡지 못한
나 남기고 파일 속 때에이
나는 것이 꿈이다

어느 박수도 없이
누구의 시선도 바라지 않고
견딘 시간만큼
햇살 닮은 빛으로 피어났다

나는 아름답다
수없이 떨며 버텼던 날들
그 모든 순간이 지금의 나를 만들었으니…

이 열흘의 찬란함은
내 삶이 틀리지 않았다는 증거다
나는 나를 사랑한다
그 어떤 꽃보다
나는… 벚꽃이니까

나는 이제야 알았다
내가 나답게 피어났을 때에야 비로소
너에게 따뜻한 봄이 되어줄 수 있다는 것을…

이제 기억이 되어

그 미소는
내 어두운 세상을 밝혀주는
유일한 빛이었고

그 손길은
얼음처럼 차가운 세상을
따뜻하게 녹여주었고

그 웃음소리는
어떤 슬픔과
어떤 고통도
순간 잊게 만들었으며

그 향기는
늘 내 곁을 맴돌며
보이지 않는 품으로 나를 안아주었다

그 입맞춤은

세상을 모두 가진 듯한
짧고도 영원한 순간이었고

그 마음은
사랑이 무엇인지를
처음으로 가르쳐 주었다

이 모든 기억을 만들어 준
그 사람이…

이제는
내 안에서
기억이 되어 버렸다

당신은 나에게 두눈에 있는 별을 밝혀주는 은밀한 빛이었지요

선물

봄의 햇살을 달라 합니다
여름의 숨결도
가을의 낙엽 소리도
겨울의 고요한 눈발도 달라 합니다

시인은 모든 것을 바라며
그 마음을 시로 담고자 합니다

그러나 계절은
단 한 마디 말도 없이
조용히 모든 것을 내어줍니다

아침 이슬에 봄을 담아 건네고
정오 바람에 꽃을 피워 띄우며
저녁 노을에 마음을 실어 보내고
새벽 들판 위로 조용히 눈 내려줍니다

그 모든 선물이

시가 되어

고요히 세상에 스며듭니다

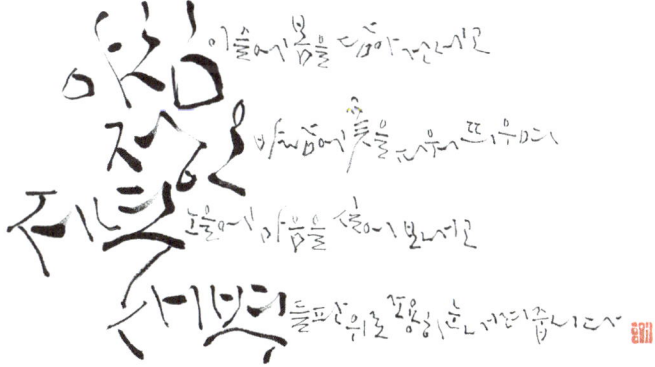

미로

한치의 기울어짐도 없이
물길 하나 흐르지 않는 막막한 길 위

벽과 벽으로 양 옆은 모두 막혀
오직 앞만 바라보게 하는 잔인한 곳에서

나는 나를 찾아 돈다
나는 나를 찾아 간다

멀리서
빛이 문을 뚫고
날 기다린다

5부
기도, 유언, 숨

소금의 유언

너희를
세상의 소금이라 불렀노라

묵묵히 자리한 암염처럼
진리의 맛으로
세상을 살라 하였다

허나
짠맛을 잃은 바위는
더는 식탁에 오르지 못하고
길가에 굴러다니는
모래가 되리니…

소금은 작고 무색하나
그 본질을 지킬 때
세상을 떠받치는
조용한 힘이 되느니라

소용은 무심코 한 일 글씨를 쓸 때 적당한 힘조차 용서치 않는 힘도 있다

그러니 날마다
너의 땀을 암염 속에 스며들게 하라
그리고 기억하라
네 안에 흐르는 나의 바다를

아무도 보이지 않는다 말할지라도
나는 여전히
너희를 품고 있다

그 짠맛을
절대 잊지 말아라

빛의 유언

어둠은 언제나
소리보다 먼저 스며든다

빛을 잃은 동굴 속
나는 아무것도 보지 못했고
아무것도 확신할 수 없었다

손끝은 벽을 찾지 못했고
발끝은 깊이를 가늠하지 못했다
심장은 달아나는 맥박을 따라
조용히 움츠려들 뿐이었다

그러나 가슴 깊은 곳
불씨 하나 살아 있었다
크지 않았고, 뜨겁지도 않았으나
그 작은 불빛은
나를 다시 걸어가도록 이끌었다

그 빛은 길을 기억하게 했고
무너진 무릎을 일으켜 세웠으며
망설인 발걸음을
다시 내딛게 했다

마침내
나는 세상을 다시 보았다
눈부신 빛이 모든 벽을 허물었고
내 안의 작은 불꽃은
세상을 비추는 창이 되었다

그러니 기억하라
완전한 빛이 오기 전까지
마음 속 불빛 하나만은
절대 놓지 말아야 한다

내 안의 작은 불꽃은

세상을
비추는 빛이
되었다

숨의 유언

아무 말 없이
또 하루를 견딘다
그게 요즘
나의 가장 깊은 기도이다

짧고 얕은 숨이라도
끊기지 않으면
삶은 계속된다는 걸
나는 어둠 속에서 배웠다

소금이 내 안에서 말라갈 때도
빛이 다시 오지 않을 것 같은 두려움 속에서도
나는 숨을 들이쉬었다

울지 못하는 날에도
기뻐하지 못하는 날에도
나는 숨을 내쉬었다

어린 백성으로 뜻을 펴 이르고자 할 때는

벼 탄다는 펀
아직 끝이 아니라는 困

그 조용한 들숨과 날숨 사이에서
나는 여전히 누군가를 사랑했고
작은 것 하나를 포기하지 않았다

버틴다는 건
아직 끝이 아니라는 것
살아 있다는 건
여전히 빛과 소금을 붙들고 있다는 것

그러니
지금 숨 쉬고 있는 너여…
그 호흡 하나가
곧 희망이고, 사랑이다

그분의 열두 숨결

"이 침과 욕설이 너무 아픕니다
내가 그저 사랑했을 뿐인데, 왜 이렇게 아픈 가요?"

"아버지여, 저들을 용서하시고…
그 끝없는 무지 속까지 품게 하소서"

"내가 만져주고, 눈을 뜨게 해 준 그 손들이…
이제는 나를 향해 돌을 던집니다"

"아버지여, 이 돌보다 단단한 사랑으로
여전히 그들을 가슴에 안게 하소서"

"정말 저 혼자인가요…
이 침묵, 이 어둠이 너무 깊습니다"

"아버지여, 이 고독까지도 받아 안아
저들의 밤 속에 함께 계시게 하소서"

"왜 아무 말씀도 없으십니까?
당신의 숨결이 멀어질수록, 두려움이 커져갑니다"

"그러나 아버지여, 이 침묵 속에서도 믿습니다
당신의 뜻은 숨 쉬고 있고
구원의 시간은 여전히 흐르고 있나이다"

"손끝이 식어가고, 눈이 멀어옵니다
숨조차 지친 이 순간, 모든 피와 물…
나의 깊은 사랑까지 드립니다"

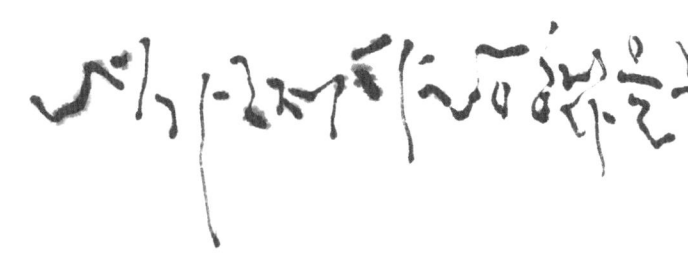

"이제 남은 마지막 물, 내 한숨까지 바치나이다
이제, 정말… 다 이루었습니다"

그리고 그 순간,
시간이 멈추듯 고요한 공간을 가르며
그분의 마지막 한숨이 허공에 스며든다

"스르륵~"

"다 이루었다"

누군가를 위한 손 모음

애써 입술을 떼려 하지 않아도
마음을 다잡으려 애쓰지 않아도
기도는 어느새 조용히 다가와
나를 감싸 안았다

풀잎 끝에 맺히는 아침 이슬처럼
창가로 스며드는 바람처럼
부르지 않아도, 찾지 않아도
기도는 이미 내 곁에 와 있었다

선물처럼 스며들었다
받아야 할 자격도 묻지 아니하고
그저 두 손 모은 틈 사이로
조용히 그렇게 자리 잡고 있었다

내가 기도를 하는 것이 아니었다
기도가 이미 나를 감싸고 있었다

나는 당신을 사랑합니다
만수하게
무드럽게
맘아 품안에
조용히
조는 듯
방울방울
사뿐히
내려 있는
사랑 속에
봄눈 녹듯
사랑이 피어난
기쁨마저도
나의 모든

시나브로 스며드는 가랑비처럼
봄날 창가에 내려앉는 나른한 햇볕처럼
기도는 조용히 엄마 품이 되어
부드럽게, 따스하게 나를 안아주었다

그렇게
나는 기도의 품에 안겨 있었다

내가 빛나는 이유

밤하늘에서
고요히 빛나는 별 하나
너희의 소원이 나에게 닿지만
그 거리가 너무나 멀어
나는 그 모든 것을 들을 수 없어

80억 개의 마음들이 외치지만
나는 그저 빛날 뿐
그 소원을 이뤄줄 힘은 없지만
빛을 멈추진 않아

너희가 꿈을 꾸고
희망을 품을 수 있도록
나는 계속해서
빛을 이어가고 있어

너희들의 고통과 기쁨을 모두 품어
내 빛으로 계속 비추는 것이

그게 내가 할 수 있는 전부야

내 빛은 너에게 닿지 않더라도
너희 눈빛 속에
내 존재는 반짝임으로 살아 있어

저 멀리서
내가 존재하는 이유는
너희가 여전히 꿈을 꾸고 있다는 것을
기억하게 해 주기 위해서야

너희가 나를 바라보는 이 순간
내 빛은 이미
너희의 가슴 속에
깊이 새겨져 있으니까

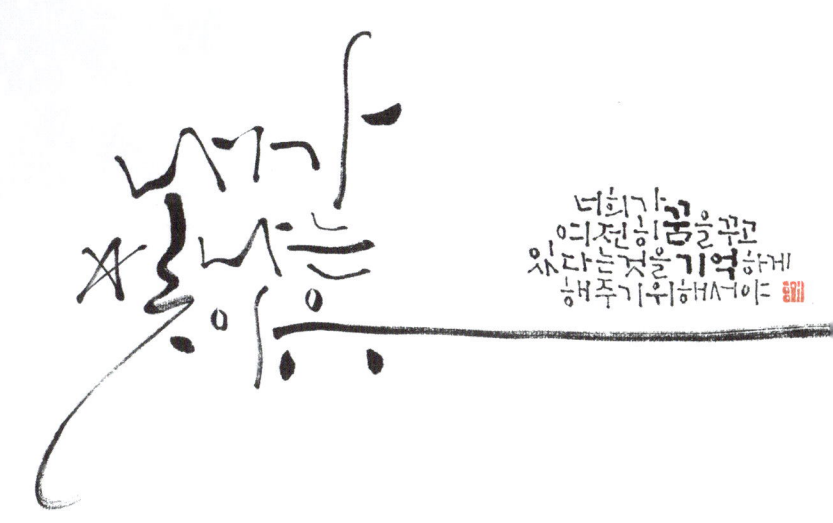

버티는 겨울을 밀어내다

겨울은 마지막 눈송이를 움켜쥔 채 속삭인다
"난 아직 끝나지 않았어."
그 입김은 나뭇가지를 얼리고
대지는 묵묵히 그 발자국을 품고 있었다

그때 봄이 살며시 발끝을 내딛으며 다가와 말한다
"늦어서 미안해."
따스한 바람이 스치자 꽃은 서둘러 피어나고
겨울이 던진 마지막 눈송이는
꽃잎에 닿기도 전에 녹아 사라졌다

땅속 깊은 곳에서 새싹이 몸을 틀며 꿈틀거린다
봄은 포근한 미소로 맞이하고
겨울은 말없이 고개만 떨군다

봄뜨락에 살구꽃 피면

가슴은 말없이 고개만 떨군다

그렇게 살아가면 된다

목이 타들어가고
천장이 메말라도

태풍이 몰아치고
홍수가 휩쓸고 가도

나는 오늘
그저 이렇게 살아간다

오래도록 묵묵히
그 자리를 지켜온
한 그루
나무처럼

나
오늘도
그렇게 살아가면 된다

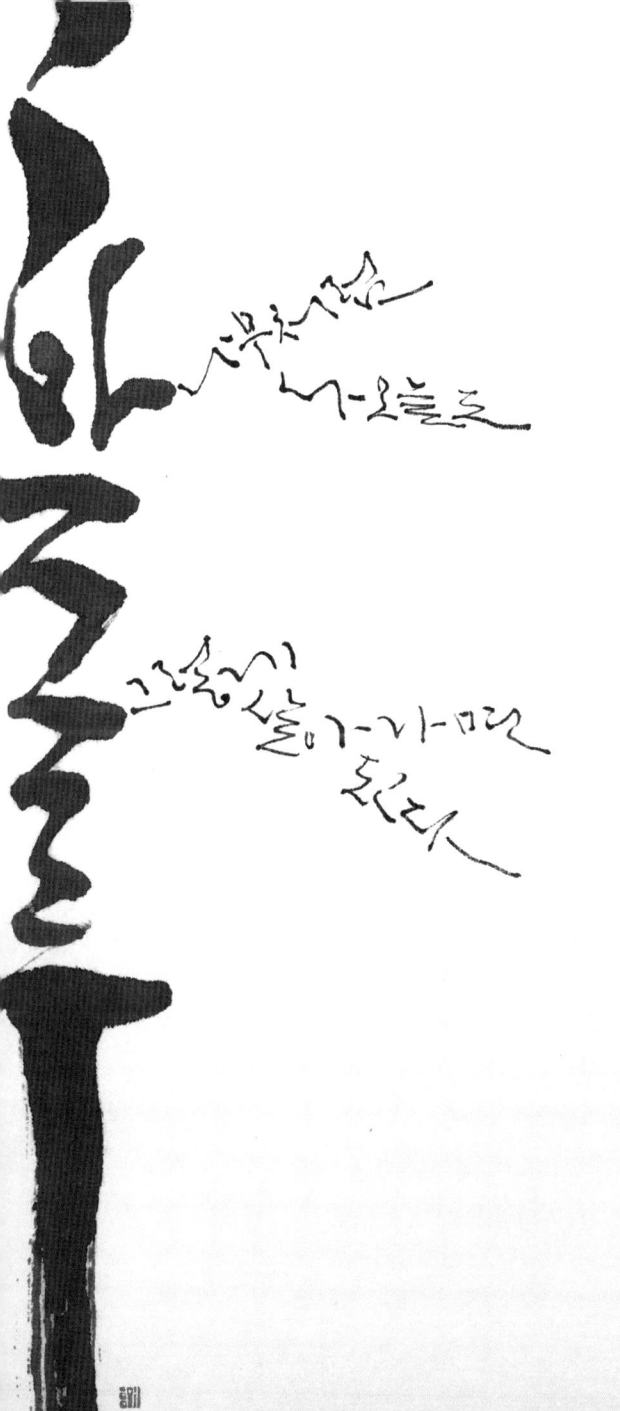

그것이 기도이다

어떤 이는
가족을 떠올리며
엄마의 저녁밥 냄새 속에서
따뜻한 하루를 기억한다

어떤 이는
음악을 들으며
잊고 지낸 마음의 결을
조용히 어루만진다

어떤 이는
시를 읽으며
내면 깊은 곳에 숨어 있던
자신의 마음의 얼굴을 다시 만난다

어떤 이는
먼 나라 이웃 아이들을 떠올리며
닿지 못할 손을 위해

그리움

모르는 누군가
나에게
무언가를
보내는 순간을
나,
숨을 안 쉰다

작은 숨을 고른다

어떤 이는
흙을 만지며
바람 속에서
침묵과 대화한다

어떤 이는
눈을 감고
자신의 마음이 되어
마음속 물결과 하나가 된다

그렇게
고요한 삶의 모든 순간을 모아
나 다시 두 손을 모은다

당신을 위해

순종

(바울의 편지)

나는 달렸다
뒤로 흐르는 벨트 위를
앞으로 나아간다 믿었지만
한 걸음도 앞으로 옮기지 못했다

부산행 기차 안에서
서울을 향해 달렸으나
도착지는 달라지지 않았다

비싼 옷, 좋은 차를 입고 탔지만
하늘보다 깊은 시선 앞에서
나는 벌거벗은 자였고
짚신보다 못한 자였다

그때
빛이 길을 가로막았다
나는 멈췄다

멈춤은 패배가 아니었다
그것은 부르심이었다

"사울아 사울아
무릎 꿇어라."

멈춰 선다는 건
길을 잃는다는 건…
그것은 사명이 태어난
고요한 침묵이다

그것은 사랑이 떠나신 고요한 침묵이다

6부

존재의 선언과
너에게 건네는 한 줄

나는 충분히 가치 있는 사람이다

별빛은 우리에게 속삭인다
너는 먼지가 아니라고
언제나 이렇게 외친다
너는 별이라고

무한히 흐르는 우주의 강물 속에서
너는 그 물결 위에 존재하며
그 속에서 반짝이는
찬란한 빛이라고

광활한 밤하늘의 어머니 품 안에서
너는 그 깊고 끝없는 품에서 태어난
하나의 노래라고

너의 숨결은 찰랑이는 별빛의 조각들로 이어져
영겁의 시간을 건너
지금 이곳에 이르게 했다고
공포스러울 만큼 거대한 우주의 심연이

너를 삼키려 해도
너는 작지만 무한한 가능성을 품은 존재
스스로에게, 그리고 우주에게 질문을 던지며
별들에게 다시 빛의 노래를 건네는 존재

너의 작은 손끝 위에 우주가 깃들고
너의 눈동자 속에서 별들이 춤춘다

그 누구도 흉내 낼 수 없는
고유한 아름다움이
그 어떤 존재 와도 닮지 않은
극한의 희소함이
그 모든 것이 바로 너다

너는 충분히 가치 있다
이 순간, 빛과 그림자가 교차하는 그곳에서
별들의 꿈을 살아내고 있는
살아 숨 쉬는

찬란한 존재이기 때문이다

우리는 모두 하나의 시로 살아간다
별과 별을 잇는
우주의 언어로 쓰인 시로

그리고 너는, 지금 여기에…
나의 한 구절로
영원히 빛나고 있다

나는 충분히
가치 있는 사람이다

나는 항상 내 본질에서 벗어나
그림자같이 흘로 떠들으며
꿈을 꿈꾸어내고 있는
살아숨쉬는 찬란한
존재이기 때문이다

나들 1
(Multiple Personas)

말씀이 어린아이 되어
이 땅에 내려온 날
나는 마리아의 아들이었다

목수 요셉의 아들로 자라며
나는 나무를 다루는 법을 배웠다

요단강에서 세례자 요한을 만났고
광야에서 사십 일을 보내며 시험을 받았다
그 속에서 나는 인간의 연약함을
사랑으로 이해하게 되었다

병든 자와 죄인들의 친구가 되어
그들의 손을 잡았고
그 길 위에서 목자가 되어
그들을 따스히 품었다

갈릴리에서는 선생이라 불렸고

나는 결코 사랑을 포기하지 못한다

예루살렘에서는 왕이라 일컬어졌다

그러나 사람들이 나를 배척하는 날
나는 죄인의 모습으로 십자가를 지는 자가 되었다

밤도둑처럼 찾아온 배신과 고통
폭풍처럼 휘몰아친 가시관과 채찍 속에서
나는 침묵 속에서 묵묵히 사랑을 선택했다
그리하여 나는 속죄의 어린양이 되었다

죽음이 나를 삼킨 날
어둠은 한없이 깊었고
칠흑 같은 무덤이 나를 감쌌으나
사흘 만에 나는 일어나
부활의 아침을 맞이했다

나는 많은 이름으로 불렸다
그 모든 이름들이 나를 이루었고

그 모든 나들이
하나로 모여 온전한 나를 이루었다

그리고 지금도
나는 우리를 지키시는 유일한 존재의 뜻을 따라
너희 안에서 살아가리라

언제나
영원히
그렇게 사랑하리라

나는 너희를 사랑한다

나들 2

(Multiple Personas)

태어나던 순간
나는 어머니의 딸이었다

배고픔에 울음을 터뜨리자
따스한 품이 나를 감싸 안았다
작은 입술로 젖을 물며
나는 허기 속에서 사랑을 배웠다

세 살이 지나 동생이 태어났다
나는 누나가 되었고
나보다 더 작은 손을 잡으며
어설프지만 진심 어린 사랑을 알아갔다

수많은 손길이 나를 감싸 주었다
할머니, 이모, 작은 아빠, 작은 엄마, 고모, 이모부…
이름만 불러도 따뜻해지는 사람들 속에서
나는 자라났다

선생님을 만나고, 친구가 생기고
시간이 흘러 직장 동료들과 어깨를 나란히 했다
사랑이 찾아와 한 남자의 아내가 되었고
또 하나의 가정을 이루었다

시장에서는 떡집의 주인으로
일터에서는 환히 웃는 사장으로
삶은 그렇게 분주히 흘러갔다

그러던 어느 날
밤도둑처럼 슬픔이 찾아왔다
나는 병이라는 친구와
오래도록 함께하게 되었다

아침이면 어김없이 밀려오는 견디기 벅찬 고통은
나를 매일 쓰러뜨렸지만
그 속에서 나는 더 깊어지는 나를 바라보았다
예수님이 그러하셨듯

이 고통에도 분명한 뜻이 있음을
나는 이제 안다

나는 더 이상
과거의 나만이 아니다
내가 받은 사랑으로
이제는 다른 이들을 위로할 줄 아는
사람이 되어가고 있다

주일이면 성도로서 말씀을 듣고
새벽이면 이 세상의 유일한 존재와 마주한다
하루살이처럼 짧은 하루의 경계에서
나는 조용히 나를 바라본다

나는 많은 이름으로 살아왔다
그 모든 이름들이 나를 이루었고
그 어느 하나도 버릴 수 없었다

맑은 호수에 가을 숲을 거이 비슨
아는 들이 되면 좋음으로
산야에게 모인다
나하나 다아닌 너들이 함께
새 계절은 내를 맞이 하리라

앞으로 다가올 날들 속에서
나는 또 어떤 모습으로
살아가게 될까
나 하나가 아닌, 나들이 함께
새로운 나를 맞이하리라

그리하여 나는
내가 아닌 '나들'의 나로서 남으리라
지금껏 함께 살아온 나들과
서로를 사랑하며

그렇게 살아가리라
그렇게 사랑하리라

돌담 사이 나의 이야기 (각기 다른 이들이 모여 이룬 것들 1 : 제주 돌담)

처음의 나는
바람만 스쳐가던 작은 틈이었어
머무는 이도
피어나는 것도 없는
고요한 공백이었지

그러던 어느 날
돌 하나가 조용히 다가와
내 곁에 등을 기댔어
거칠지만 따뜻한 결
낯선 온기가 번져왔지

이윽고
각기 다른 얼굴의 돌들이
하나둘 내 곁에 모여
나를 감싸 안았어
모양도, 결도, 시간도 달랐지만
그 다름이 모여

더 단단한 품이 되었지

그 사이
나는 처음으로
따뜻해진 나를 느꼈어

그리고 봄
내 안에서 작은 떨림이 일었지
햇살을 머금은 씨앗 하나가
조심스레 고개를 들어 올렸어

그 순간
나는 알았어
내가 생명을 품고 있다는 것을…

이제는 알아
나를 만든 건 닮음이 아닌 다름이었다는 걸

꽃에는 열매가 나를 만들어진 바람이 아닌 그리움이 있다는 걸 나를 채운건
풀냄새가 아니라 그림자를 짓는 외로움이 있다는걸 나를 돋움
아이에 피어난 저는 공간 지금은 누군가의 곁이 자랑곧 자란
따뜻한 풀 나의 이름은 바로 희망이니

나를 채운 건 공허가 아니라
그 사이를 잇는 연결이었다는 걸

나는
돌담 사이에 피어난 작은 공간
지금은
누군가의 꿈이 자라고 있는
따뜻한 품

내 이름은 바로
희망이야

교향의 바다 (각기 다른 이들이 모여 이룬 것들 2: 오케스트라)

무대가 시작되기 전
지휘봉 하나가 천천히 들려 올랐다
공기마저 숨죽인 그 찰나
나는 알았다
이제, 소리가 눈을 뜨고 있다는 것을

현의 떨림은 바람이 되었고
피아노의 건반은 파도처럼 넘실거렸다
하프의 손끝에서
무지갯빛 선율이 흘러내렸다

서로 다른 울림을 품은 악기들이
각기 다른 굴곡을 따라 움직였지만
그 사이의 빈 공간마저
깊고 풍성한 울림으로 가득 찼다

그 바다의 너울거림은
연주가 끝난 뒤의 침묵처럼

조용히 관객의 마음을 두드렸고
그 울림은 마침내
하나의 희망이 되었다

이제 나는 안다
우리를 하나로 묶은 건
악보의 무게도, 소리의 크기도 아닌
그 사이를 흐르는
다름의 조화였다는 것을…

그 조화로운 파도의 선율이
오늘도 나를
다시 숨 쉬게 한다

바람에 날려 구름에 실려 별빛에 빛나 달빛에 물든 설레이는 마음

그대에게 가고싶다

끝없는 도전 (닉 부이치치의 보이지 않는 날개)

나는 두 팔 없이 태어났고
두 다리 없이 세상에 내던져졌다

사람들은 내게 '불가능'이라는 이름표를 달았다
그러나 나는 그것을 조용히 불태웠다

그 불꽃은 내 안에서 시작되었다
절망이 흘린 눈물 위로
희망은 조용히 움텄다
보이지 않아도
내 안에는 끝내 꺼지지 않는
용기의 씨앗이 자라고 있었다

나는 드럼을 두드렸고
불완전한 몸으로 완전한 울림을 만들었다
파도를 타고 바다를 가르며
햇살을 가슴에 품고 서핑을 했다
넘어지고, 기고, 뒹굴며

수없이 바닥에 닿았지만…
나는 내 이름으로 다시 일어섰다

사랑을 만났다
두 팔 없이도 품을 수 있는 따뜻함이 있다는 걸
그녀를 통해 배웠다
그리고 아이를 품에 안았다
세상이 내게 주지 않겠다던 모든 것을
나는 내 두 눈과, 내 숨
그리고 내 기도로 얻었다

절망의 끝에서 나는 알았다
희망은 태양처럼 떠오르는 것이 아니라
가장 깊은 어둠 속에서
자신을 껴안는 이의
굳은 눈빛에서 시작된다는 것을…

이제 나는

보이지 않는 날개를 단 채
하늘의 바람을 탄다
누구보다 천천히
그러나 누구보다 멀리
나는 나아간다

행복은 기다림이 아니다
고통 속에서 스스로 걸어 나와
마침내 찾아낸 증거
그것이 바로 나의 걸음이었다

나는
닉 부이치치다

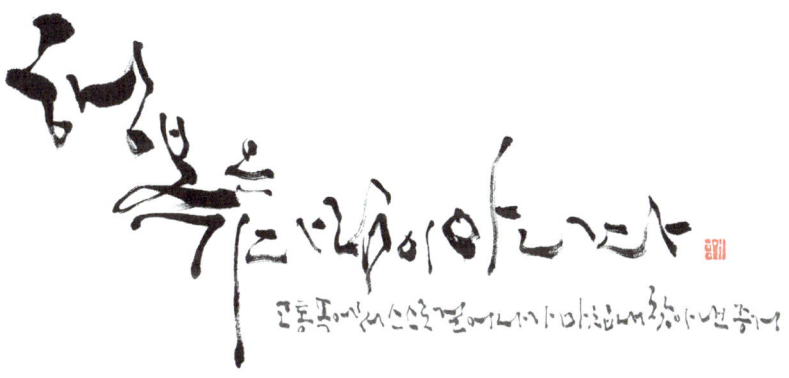

행복은 마음이다.

고통속에서의 순종걸어나가 마침내 찾아낸 홍시

느낌으로 오는 아침

빛은 이마에 내려앉고
바람은 조용히 목을 감싼다

아침 햇살은 늘 말없이 찾아오고
봄 바람은 어김없이 나를 안는다

세상을 굳이 보지 않아도
이 온기로 마음은 이미 알아차린다

이처럼
아름다운 하루는
오늘도 그렇게 다시 시작된다

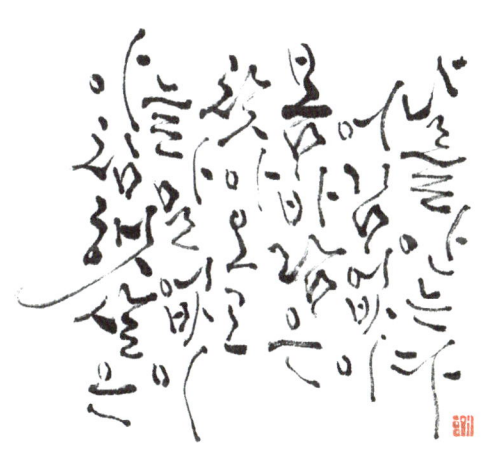

대지

눈 덮인 산을 등에 업고
하늘과 속삭이며

검푸른 바다를 가슴에 품고
그 깊이를 꿈 꾼다

태산을 업고도
그 무게를 말하지 않으며

대양을 품고도
한 방울 놓침이 없다

나의 삶도 너를 닮아
묵묵히 흐르려 한다

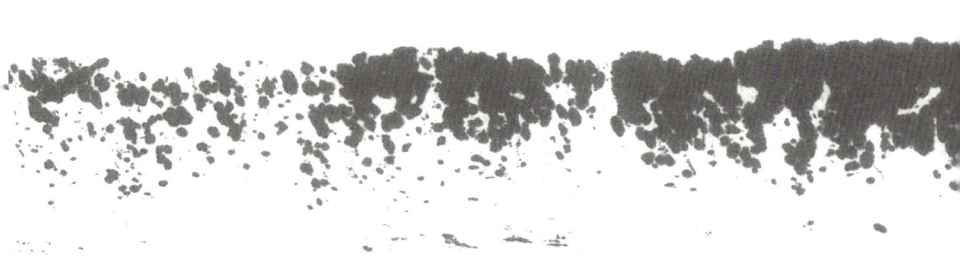

나의 삶도 너를 닮아 묵묵하고 흐르리 한다.

나는 그냥 그런 사람입니다

그냥 들어도
내 이야기인 듯 마냥 느끼고 생각합니다
그냥 바라보아도
당신 마음의 어느 자리가 아픈지 느껴집니다

그냥 손을 내밀면
나는 망설이지 않고 붙잡습니다

세상은
사람은 쉽게 바뀌지 않는다며
내 믿음을 미련이라 말합니다

하지만 나는
상처받아도 다시 손을 잡아주는 그 마음
비 오는 날 우산 하나 건네는 그 마음이
세상을 조금은 따뜻하게 만든다는 것을…

그런 마음으로
오늘도 조용히 그렇게 살아가려 합니다

숨은 부름

'가능성'이란 이름을 가진
바람이라는 친구가 있다

그 말 없는 친구는 언제나 내 곁을 맴돌며
조용히 나를 부르며 기다린다

어머니의 손은
늘 따뜻했고
아버지의 침묵은
언제나 나를 향해 있었다

말하지 않아 더 오래 남는 사랑
그분들의 눈빛 속에서
나는
조용히 봉우리 지어 있었다

지금
나는 안다

지금
나는 알는가
이 모든 것의
끝에서 내가 도에 이할
내가 나를 봐주기를
기다리고
있었다는 것을

이 모든 길의 끝에서
내가 되어야 할 내가
나를 알아 봐주기를
기다리고 있었다는 것을…

지금껏
이 순간까지, 언제나 여기
내 바로 앞에서
나를 기다리고 있었음을
나는 안다

그 바람이
내 바람을 애타게 기다리고 있다는 것을…

그리고 이제
나는 안다
그 모든 기다림이
나였다는 것을…

존재의 끝에서 건네는 한 줄 (에필로그)

현대 사회는 너무 빠르게 흘러가고
극단으로 나뉜 세상 속에서
많은 이들이 자신을 잃어가고 있습니다

가난하다는 이유로
혼자라는 이유로
성공하지 못했다는 이유로
그리고 '아무것도 아닌 것 같아서'
조용히 사라져가는 사람들이 너무 많습니다

하지만 나는 그들에게 말하고 싶습니다
그 어떤 화려함도, 결과도, 조건도 없이…
당신의 존재만으로도 충분히 아름답고, 고귀하다고

당신은 지금 살아 있습니다
숨을 쉬고 있고
이 글을 읽고 있고
작지만 분명한 빛을 품고 있습니다

우리는 모두 이렇듯
하나의 시로 살아갑니다
별과 별을 잇는
우주의 별빛 언어로

그리고 그 시의 한 구절이
지금, 당신입니다

당신은
충분히 가치 있는 사람입니다

나가는 글

시가 한 송이 꽃이 되기까지 _ 아버지께

올해 여름, 시집을 준비한다는 소식을 아버지께 전했을 때, 아버지는 유난히 밝게 웃으셨습니다. 저는 그 미소의 이유를 알지 못했습니다. 그저 막내 아들이 지은 또 한 권의 책이 나온다는 기쁨으로 여겼고, 그 반가움을 가볍게 흘려보냈습니다.

그 후로 아버지는 3주에 한 번씩 전화를 하셨습니다.
"시집은 언제쯤 나오냐?"
그 물음은 언제나 다정했고, 때로는 절실했습니다.
그때는 몰랐습니다. 그 기다림의 깊이가 단순한 관심이 아니라, 오랜 세월 묵혀온 마음의 언어였다는 것을….

한가위 명절, 오랜만에 내려가 아버지와 마주 앉아 이야기를 나누며 비로소 알게 되었습니다.

아버지는 어린 소년시절부터 문학을 사랑하셨습니다. 종이와 펜만 있으면 시를 적고, 노랫말을 만들고, 친구들의 연애 고민을 들어주며 직접 연애 편지를 써주기도 하셨다고 했습니다. 엄마는 그 시절을 떠올리며 말씀하셨습니다.
"니 아빠의 편지는 마음을 울릴 만큼 참 예뻤다."
그 이야기를 듣는 순간, 이제야 아버지가 제 시집을 기다려 온 이유를 알았습니다. 그 기다림은 단순한 자부심이 아니라, 자식의 글 속에서 자신의 오래된 꿈이 다시 피어나길 바라는 마음이었습니다.

돌이켜 보면, 이 시집은 우리 가족의 아픔으로부터 시작되었습니다. 그러나 그 아픔을 감싸 안은 건 결국 아버지의 오랜 기다림이었습니다. 그 기다림은 고요했고, 묵묵했으며, 어쩌면 한 남자의 시처럼 아름다웠습니다.

이제는 압니다. 그 침묵 속에서 아버지는 언제나 제 마음의 첫 독자였다는 것을…. 제가 시를 쓸 때마다 가장 먼저 떠올렸던 얼굴이 사실은 아버지였다는 것을…

이 시집이 세상에 나올 때, 저는 그것을 단지 한 권의 시집이라 하지 않을 것입니다. 아버지께 드리는 한 송이 꽃으로 말하고 싶습니다. 그 꽃은 오래도록 피어나 우리의 지난 날을 밝히고, 다른 이들의 마음에도 따뜻한 빛으로 닿기를 바랍니다.

이 시집이 존재할 수 있었던 것은 아버지의 사랑, 기다림, 그리고 그 긴 침묵 덕분이었습니다. 아버지, 당신의 그 기다림이 시가 되었고, 그 시가 세상 속으로 걸어 나갑니다. 당신께, 당신의 꽃을 바칩니다.